JOVENS, TALENTOSOS e NEGROS

TRADUÇÃO
Nina Rizzi

AS BOAS-VINDAS!

Nossas vidas importam. Este livro é uma carta de amor aos nossos ancestrais e à próxima geração de negros e negras, agentes de mudança, no espírito da canção "To be young, gifted and black" (Ser jovem, talentoso e negro).

Uma canção icônica, escrita por uma das várias pessoas incríveis e talentosas que você encontrará neste livro: Nina Simone. Ela a dedicou à amiga Lorraine Hansberry – a primeira mulher negra a escrever uma peça encenada na Broadway. Nina Simone escreveu a canção como um tributo ao discurso *"A nação precisa de seus talentos"* que Lorraine fez a jovens escritoras e escritores negros vencedores de um concurso de escrita criativa.

Quando comecei a escrever, não sabia direito como compartilhar minhas histórias publicamente. Meu falecido avô, que nasceu em 1911 e cresceu em uma comunidade segregada, veio até mim em um sonho. Ele disse: "Vá para Nova York. Escreva. Escreva os livros de que precisava quando era mais jovem". Ele viu o que eu poderia ser, antes que eu mesma pudesse compreender a profundidade do meu potencial.

Para Andrea, a experiência de ilustrar estas páginas enquanto estava grávida de um menino solidificou a importância de termos livros que mostram pessoas parecidas com ele. Desejamos que todas as crianças que encontrarem *Jovens, talentosos e negros* saibam que o mundo precisa de seus talentos, que elas são mais do que suficientes e que vemos sua grandeza hoje, e amanhã, e quem vier depois de nós continuará a ver.

Acreditamos no poder de criar o que precisamos ver. Os livros que lemos e a mídia que consumimos influenciam profundamente nossa compreensão de quem somos e o que podemos ser – se você não consegue ver, não pode ser; e isso também afeta a forma como nos entendemos. E embora muita coisa tenha mudado desde que o discurso de Lorraine e a canção de Nina foram escritas, as narrativas nos filmes, na escola e na televisão costumam mostrar uma visão limitada das conquistas e das histórias das pessoas negras e multirraciais.

Todas as crianças merecem se ver representadas positivamente nas histórias. Por isso, estamos destacando o talento e as contribuições das pessoas negras agentes de mudança de todo o mundo – para que leitores de todas as origens as descubram.

Este livro é um começo e não um fim. Um convite para uma viagem através do tempo, além das fronteiras e até mesmo através do espaço (com a astronauta Mae Jemison!). Ele fornece um pequeno, mas poderoso instantâneo da quantidade infinita de heróis e heroínas célebres e não celebrados em todo o mundo, incluindo você e as pessoas de quem você gosta.

Vamos olhar as lições do passado enquanto imaginamos o que é possível quando ousamos. Embora cada um e cada uma das 52 personalidades visionárias que destacamos tenham pontos fortes únicos e tenham passado por várias angústias e triunfos, elas compartilham sua busca destemida pelos sonhos que tiveram quando ainda eram crianças e jovens.

Esperamos que você seja igualmente encorajado por cada artista, ativista, atleta, cientista, e por todas as pessoas sonhadoras que corajosamente abriram os caminhos para que tenhamos um futuro melhor.

JAMIA WILSON

ANDREA PIPPINS

Mary Seacole
23 de nov. de 1805 – 14 de maio de 1881
Kingston • Jamaica

Heroína da Guerra da Crimeia, foi uma **ENFERMEIRA** pioneira que cuidava dos soldados britânicos na frente de batalha.

Quando criança, Mary aprendeu sobre medicina caribenha com a mãe, uma jamaicana negra e livre. Cuidadora por natureza, Mary praticou enfermagem em bonecas e animais de estimação antes de tratar dos seres humanos.

Morava em Londres em 1854, quando o sofrimento dos soldados na Guerra da Crimeia se tornou público. No início do conflito, Mary tentou ingressar na equipe de enfermagem de Florence Nightingale, mas sua inscrição foi negada, assim como a de muitas outras pessoas que também foram rejeitadas devido a sua raça ou classe. Determinada a ajudar, foi para a guerra por conta própria e lá colocou suas habilidades em prática.

Em 1855, para cuidar dos soldados feridos, construiu o British Hotel perto de Balaclava, e ajudou a conter o surto de cólera ao distribuir remédios em hospitais que estavam na linha de frente.

Falecida em 1881, *"Mother Seacole"* é lembrada por administrar o British Hotel com bravura, por cuidar dos soldados doentes e feridos com gentileza e por desafiar o preconceito numa época em que os direitos das mulheres negras eram limitados.

MATTHEW HENSON
08 DE AGO. DE 1886 – 09 DE MAR. DE 1955 • NANJEMOY, MARYLAND • ESTADOS UNIDOS

Primeiro EXPLORADOR negro no Ártico. Ao longo de dezoito anos, fez seis viagens de exploração.

Filho de camponeses pobres, falecidos durante sua infância, Matthew Alexander Henson passou a lavar pratos aos 11 anos. Uma das partes favoritas do trabalho era aprender sobre a vida dos clientes. Era fascinado pelos marinheiros e suas histórias de viagens.

Com 12 anos, caminhou quase 65 quilômetros de sua casa até Baltimore para trabalhar em um navio mercante. Após ser contratado, Matthew aprendeu a ler e a escrever com o capitão da embarcação. Sempre aventureiro, navegou pelo mundo todo.

Em 1890, juntou-se à primeira expedição ao Ártico pela ponta norte da Groenlândia, capitaneada pelo viajante Robert Peary. Percorreu mais de 16 mil quilômetros em trenós puxados por cães pela Groenlândia e pelo Canadá.

Matthew e seu grupo se tornaram os primeiros exploradores a chegar ao Polo Norte em 1909. Declarou: *"Acho que sou o primeiro homem a sentar no topo do mundo."*

AVA DUVERNAY

24 DE AGOSTO DE 1972
LONG BEACH, CALIFÓRNIA
EUA

Primeira DIRETORA DE CINEMA negra a vencer um Globo de Ouro e primeira mulher negra a receber o prêmio de melhor diretora no Festival de Cinema de Sundance em 2012.

Ava cresceu perto de Compton, uma cidade majoritariamente negra e latina no sul de Los Angeles. Durante os anos escolares, frequentou uma escola católica só para garotas e descobriu o amor pelo cinema graças à tia Denise, que a levava para ver filmes.

Costumava visitar a casa da infância do pai em Hayneville, Alabama, durante as férias de verão. Mais tarde, DuVernay disse que essas viagens inspiraram seu filme indicado ao Oscar, Selma, que trata sobre as marchas pela igualdade racial nas eleições dos Estados Unidos na década de 1960.

Como publicitária e depois cineasta, atribui o sucesso à criatividade e à determinação. E aconselha as pessoas que aspiram ser diretoras de cinema a *"ter paixão e seguir em frente com garra a cada hora de cada dia até atingir seu objetivo"*.

Bessie Coleman

LICENÇA PILOTO

26 DE JAN. DE 1892 – 30 DE ABR. DE 1926
ATLANTA, TEXAS • ESTADOS UNIDOS

Foi **PILOTA DE SHOW AÉREO** e a primeira mulher negra-indígena-americana a realizar um voo público.

Caçula de uma família de treze filhos, Bessie caminhava quatro horas por dia para chegar à escola, que tinha apenas uma sala de aula. Sempre voando alto, destacou-se em matemática e leitura. Quando não estava estudando, ajudava no sítio da família e ia à igreja. A determinação e a liderança fizeram com que conquistasse uma vaga na Universidade Langston, em Oklahoma. Porém, as mensalidades eram caras e, depois de concluir um semestre, Bessie teve que largar a faculdade.

Aos 23 anos, trabalhando como manicure, ouviu histórias sobre os pilotos da Primeira Guerra Mundial. Essas aventuras a inspiraram, mas as escolas de aviação dos Estados Unidos negavam a entrada de mulheres e pessoas negras. Então, Bessie conseguiu a licença de pilota na França. Um acidente encerrou o sonho de abrir uma escola para aviadores negros, mas seu legado continua. Mae Jemison, a primeira astronauta negra a ir para o espaço, levou uma foto da *"Valente Bessie"* em sua primeira missão.

BARACK OBAMA
04 DE AGOSTO DE 1961
HONOLULU, HAVAÍ • ESTADOS UNIDOS

MICHELLE OBAMA
17 DE JANEIRO DE 1964
CHICAGO, ILLINOIS • ESTADOS UNIDOS

Foi o PRIMEIRO PRESIDENTE negro dos EUA e Prêmio Nobel da Paz em 2009.

Filho de um economista queniano e de uma antropóloga norte-americana, Barack Hussein Obama nasceu em Honolulu, Havaí. Frequentou a escola e jogou basquete no arquipélago norte-americano e na Indonésia. A experiência em escolas católicas e muçulmanas expandiram sua visão de mundo. Sobre isso, Obama disse: *"Eu me beneficiei de uma multiplicidade de culturas que me alimentaram"*.

Estudou na Occidental College e na Universidade Columbia. Após a formatura, passou a trabalhar como organizador comunitário em Chicago, antes de se matricular no curso de direito de Harvard. Depois disso, Obama trabalhou como advogado, professor de direito civil, escreveu *A origem dos meus sonhos* (história pessoal sobre raça e identidade) e foi senador pelo estado de Illinois.

O compromisso com o serviço público e a organização de base lhe garantiu duas vitórias nas eleições presidenciais.

É ADVOGADA e a primeira mulher negra a ser primeira-dama dos Estados Unidos.

Michelle LaVaughn Robinson nasceu e cresceu no sul de Chicago, onde morava em um pequeno bangalô com os pais e o irmão mais velho. Como membros de uma família que apoiava e valorizava a leitura e a educação, tanto ela quanto o irmão adiantaram um ano na escola.

A excelência acadêmica a levou à primeira escola especializada para crianças superdotadas de Chicago, onde se formou como oradora da turma. Depois, estudou na Universidade de Princeton e no curso de direito de Harvard. Disse: *"Para mim, a educação era poder."*

Trabalhou como advogada, administradora municipal e profissional de sensibilização comunitária. Como primeira-dama, ficou conhecida como uma oradora fascinante, ícone da moda, defensora das famílias de militares e de causas de saúde e bem-estar.

Barack e Michelle Obama são casados desde 1992 e têm duas filhas chamadas Malia e Sasha.

CHIMAMANDA NGOZI ADICHIE

15 DE SETEMBRO DE 1977 • ENUGU • NIGÉRIA

É ESCRITORA e conquistou o *Women's Prize for Fiction* (prêmio britânico exclusivo para escritoras) na categoria "Vencedora das vencedoras". Sua obra já foi traduzida para trinta idiomas.

A quarta de seis filhos, cresceu em Enugu, sudeste da Nigéria. O pai foi professor de estatística e a mãe foi a primeira mulher a administrar a Universidade da Nigéria. Chimamanda começou a ler aos 4 anos e a escrever assim que aprendeu a soletrar.

A maioria dos livros que leu na infância se concentrava em personagens britânicos e norte-americanos, que não refletiam a realidade nigeriana. Embora esses livros a tenham influenciado no início, ela diz que a descoberta de autores e autoras africanas a ajudou a *"perceber que pessoas que se pareciam comigo poderiam viver em livros"*. Isso a inspirou a amplificar sua distinta voz cultural.

Famosa pelas palestras e livros sobre igualdade de gênero e o valor da narrativa diversificada, é autora de *Sejamos todos feministas*, *Americanah*, *Meio sol amarelo*, *Hibisco roxo*, entre outras.

CATHY FREEMAN

16 DE FEVEREIRO DE 1973
SLADE POINT, MACKAY • AUSTRÁLIA

Medalhista olímpica, a **VELOCISTA** é a sexta mulher mais rápida de todos os tempos.

Quando a família percebeu seu talento para a corrida, a mãe de Cathy a incentivou a desenvolver suas habilidades. Membro do povo Kuku Yalanji, enfrentou dificuldades por causa da instabilidade econômica e da discriminação racial. No ensino fundamental, medalhas que eram dadas às garotas brancas lhe eram negadas, mesmo quando Cathy as vencia na pista.

Apesar dos obstáculos, persistiu: *"Você tem que tentar alcançar as estrelas ou tente e conquiste o inalcançável"*. Com uma bolsa de estudos, conseguiu competir no Campeonato Escolar Nacional. Isso abriu caminho para vitórias no Campeonato Nacional da Austrália e nos Jogos Olímpicos da Juventude.

Cathy fez história como a primeira indígena australiana a competir nas Olimpíadas. Pioneira, ajudou na conscientização sobre os problemas que afetam os povos originários. Em 2000, quando ganhou a medalha de ouro nas Olimpíadas de Sydney, deu a volta olímpica descalça, como um tributo a sua herança cultural.

George Washington Carver

1863 ou 1864 – 05 DE JAN. DE 1943
DIAMOND, MISSOURI • ESTADOS UNIDOS

Conhecido como "o médico das plantas", o CIENTISTA desenvolveu mais de cem produtos usando apenas o amendoim de suas plantações.

George Washington Carver nasceu escravizado em Diamond Grove, Missouri, durante a Guerra Civil Americana. Com uma semana de vida, foi sequestrado por foras da lei. E só conseguiu regressar à cidade natal após o fim do conflito.

Foi uma criança doente e, por isso, concentrou-se nas tarefas domésticas e na jardinagem. Quando a escravidão foi abolida, aprendeu a ler e escrever com a mesma família que o escravizava.

Depois de ter sido rejeitado na faculdade por discriminação, estudou artes, piano e botânica em Iowa. Foi o primeiro aluno e professor negro na Universidade Estadual de Iowa.

O sucesso de George o levou a dirigir o departamento de agricultura do Instituto Tuskegee. Suas descobertas e invenções ajudaram os produtores de algodão que viviam na pobreza a adaptar as safras e a melhorar a saúde. Por sua arte agrícola inovadora, a revista *Time* o chamou de *"Leonardo Negro"*, em referência ao artista e inventor italiano Leonardo da Vinci.

MALORIE BLACKMAN

**08 DE FEVEREIRO DE 1962
LONDRES, INGLATERRA
REINO UNIDO**

Com mais de sessenta livros publicados, incluindo a série *Zeros e Cruzes*, a **ESCRITORA** é uma das mais renomadas do Reino Unido.

Filha de pais bajan, nascidos em Barbados, Malorie nasceu em Londres. Apaixonada por literatura, aos 11 anos já tinha lido todos os livros infantis da biblioteca local, incluindo um de seus textos favoritos, o VI volume de *As crônicas de Nárnia: A cadeira de prata* de C.S. Lewis.

Com 28 anos, publicou o primeiro livro, *Not so stupid* (Não tão estúpida, sem tradução no Brasil). Antes de encontrar uma editora, seu manuscrito foi rejeitado mais de oitenta vezes.

A persistência impulsionou-a ao sucesso como escritora prolífica e como a primeira negra Laureada das Crianças do Reino Unido. Durante seu mandato, entre 2013 e 2015, a Oficial da Ordem do Império Britânico pediu mais diversidade nos livros infantis. Disse: *"Ler é um exercício de empatia; um exercício de caminhar no lugar de outra pessoa por algum tempo."*

Harriet Tubman

1822 - 10 DE MAR. 1913
CONDADO DE DORCHESTER, MARYLAND
ESTADOS UNIDOS

Levou centenas de pessoas escravizadas à liberdade como uma das mais notórias CONDUTORAS da *Underground Railroad*.

Harriet nasceu escravizada, em Maryland, e desde os 5 anos fazia serviços domésticos. Aos 12, foi forçada a trabalhar no campo, quando um feitor a açoitou por defender outra pessoa escravizada. O ferimento que sofreu na cabeça resultou em visões e sonhos vívidos durante toda a vida.

Em 1849, fugiu com medo de ser vendida. Seguindo a Estrela do Norte, viajou para a Filadélfia. A partir de então, passou a resgatar sua família e muitas outras pessoas. Por dezenove vezes, fez essa arriscada viagem para o sul usando a *Underground Railroad*, uma rede secreta de rotas de fuga para escravizados.

Harriet, que também era uma defensora dos direitos das mulheres, disse: *"Nunca perdi um único passageiro"* quando falou sobre as trezentas pessoas escravizadas que escolheu para a liberdade.

MO FARAH

23 DE MARÇO DE 1983 · MOGADÍSCIO · SOMÁLIA

O CORREDOR DE LONGA DISTÂNCIA foi nomeado cavaleiro após conquistar duas medalhas de ouro nas Olimpíadas do Rio em 2016.

Nascido na Somália, Mohamed Muktar Jama "Mo" Farah morou com a avó e com o irmão gêmeo em Djibouti antes de se mudar para a Inglaterra. Aos 8 anos, chegou ao Reino Unido sem saber falar inglês e teve que se ajustar à nova escola e à nova cultura sem ter o irmão gêmeo ao lado.

Sonhava em jogar futebol pelo Arsenal, mas se concentrou no atletismo devido a sua resistência e velocidade. Mo desenvolveu suas habilidades como corredor no ensino médio, onde começou a treinar com o apoio do professor de educação física.

Desde que venceu o campeonato de *cross country* em escolas inglesas aos 15 anos, vem abrindo caminhos e quebrando recordes no mundo todo. Mo credita o sucesso à *"honestidade, justiça e amizade"*.

JEAN-MICHEL BASQUIAT

22 DE DEZ. DE 1960 – 12 DE AGO. DE 1988 • BROOKLIN, NOVA YORK • ESTADOS UNIDOS

Foi um artista de rua e **PINTOR**, que chacoalhou a cena novaiorquina na década de 1980.

Filho de mãe porto-riquenha e de pai haitiano, Basquiat ingressou aos 6 anos no Museu do Brooklyn como membro júnior. Aos 11, já era fluente em francês, inglês e espanhol, e sonhava em ser cartunista. Depois de sobreviver a um acidente de carro, a mãe lhe deu uma cópia do livro *Gray's Anatomy* (*A anatomia de Gray*). Basquiat ficou fascinado com a estrutura do corpo humano, fato que influenciou muito sua arte. No colégio, fez poesia, música e grafite, aprendendo na prática: *"Eu começo uma pintura e a concluo."*

Depois que seu estilo de grafite ganhou fama, o artista chamou a atenção do mundo da arte. Ao longo da década de 1980, suas pinturas ganharam reconhecimento. A mistura criativa de "arte erudita" com cultura pop e referências ao jazz, hip hop e à história negra fizeram de Basquiat uma celebridade. Quando morreu, deixou mais de mil pinturas inéditas.

JESSE OWENS

12 DE SET. DE 1913 – 31 DE MAR. DE 1980
OAKVILLE, ALABAMA • EUA

Foi **CAMPEÃO OLÍMPICO DE ATLETISMO** em 1936, quando conquistou quatro medalhas de ouro nos Jogos de Berlim, em pleno regime nazista.

James Cleveland Owens foi uma criança frágil, cuja condição o impedia de trabalhar no campo. Quando fez 8 anos, a família se mudou do Alabama para Ohio em busca de melhores oportunidades. Lá, um professor escreveu suas iniciais "J.C." como "Jesse" por engano, e ele decidiu manter assim.

No início do fundamental II, Jesse ganhou força e se juntou à equipe de atletismo. Depois de estabelecer recordes nas corridas de 100 e 200 metros rasos e no salto em distância, seu treinador o descreveu como alguém que parecia flutuar no ar.

Apelidado de *"Buckeye Bullet"*, em referência aos carros-bala elétricos criados na universidade onde estudava, Jesse bateu três recordes mundiais e fez história como campeão olímpico.

BEYONCÉ

04 DE SETEMBRO DE 1981
HOUSTON, TEXAS
EUA

A DIVA POP é uma artista multitalentosa e empresária de sucesso. Ícone da cultura negra contemporânea.

Embora cada uma das irmãs Knowles tenha um talento único, elas têm em comum o *glamour* criador de tendências, a dedicação a causas sociais e a narrativa poderosa.

Filha de uma dona de salão de beleza e de um empresário, Beyoncé Giselle Knowles-Carter foi a primeira de duas filhas. Talentosa, aprendeu a dançar e venceu uma competição com a performance de "Imagine", de John Lennon, na St. Mary's Elementary School.

Aos 8 anos, juntou-se ao Girl's Tyme, grupo musical formado por cinco garotas e administrado pelo pai.

Embora não tenha vencido um programa de talentos na TV, elas persistiram. Essa experiência levou à transformação do grupo em Destiny's Child, lançando-as para o estrelato.

Força por trás do grupo, Beyoncé ganhou fama. Desde a estreia solo no topo das paradas em 2003, a mulher que descreveu a si mesma como uma *"criança introvertida que escapou de sua concha no palco"* permanece um ícone. *Lemonade* foi seu sexto álbum a atingir o primeiro lugar em várias listas e a vencer diversos prêmios.

SOLANGE
24 DE JUNHO DE 1986
HOUSTON, TEXAS
EUA

Compositora vencedora do Grammy, modelo, atriz, defensora da justiça social, SUPERSTAR e CANTORA DE SOUL.

Irmã mais nova de Beyoncé, Solange Knowles se refere às mulheres que visitavam o salão de beleza da mãe como suas "2 mil tias". Acredita que essa influência despertou sua paixão por contar histórias e apoiar mulheres e meninas.

Talentosa, conquistou o segundo lugar numa notável competição de composição de *jingles* no ensino fundamental. Na adolescência, atuou como dançarina de apoio do Destiny's Child e, em 2001, fez a estreia vocal no álbum natalino do grupo.

Estudante de uma escola particular predominantemente branca, Solange construiu sistemas de apoio para outras garotas negras. Começou o "The BF Club" para *"criar uma irmandade em um espaço que parecia não pertencer a nós"* muito antes do álbum vencedor do Grammy, *A seat at the table*, pedir autodefinição, orgulho cultural e ação cooperativa em 2016.

KATHERINE JOHNSON

26 DE AGO. DE 1918 –
24 DE FEV. DE 2020
WHITE SULPHUR SPRINGS,
VIRGINIA OCIDENTAL • EUA

FÍSICA e **MATEMÁTICA**, calculou a trajetória de voo da primeira missão norte-americana ao espaço.

Katherine Coleman Goble Johnson sempre gostou de fazer contas. Gostava da segurança da matemática porque *"ou você está certa ou errada"*. Começou o ensino médio aos 10 anos e, aos 15, foi para a faculdade. O apetite por aprender a ajudou a brilhar nos estudos.

Apesar do sonho de se tornar matemática, acreditava que suas opções se limitavam a "ser enfermeira ou professora" devido às barreiras para a igualdade de educação e emprego. Mesmo assim, Katherine se concentrou em geometria, o estudo de linhas, formas e ângulos, durante a universidade.

Sua determinação abriu caminho para que chegasse à NASA (Administração Nacional da Aeronáutica e Espaço). Lá, calculou os caminhos para as espaçonaves orbitarem a Terra e pousarem na Lua. Seu trabalho abriu portas para mulheres e pessoas negras nos campos da matemática e da computação.

Em 2015, recebeu a Medalha Presidencial da Liberdade, o maior prêmio civil dos Estados Unidos.

Josephine Baker

**03 DE JUN. DE 1906 –
12 DE ABR. DE 1975
ST. LOUIS, MISSOURI • EUA**

ARTISTA do teatro de variedades, foi ESPIÃ durante a Segunda Guerra Mundial e ATIVISTA DOS DIREITOS CIVIS.

Filha de uma lavadeira e de um baterista, Freda Josephine McDonald cresceu na pobreza. Forçada a trabalhar como empregada doméstica para conseguir comida para a família, assumiu as responsabilidades de uma pessoa adulta aos 8 anos.

Aos 13, fugiu de casa. Quando não estava trabalhando, apresentava-se nas ruas. Seu talento lhe rendeu um emprego para dançar, cantar e atuar em teatros de variedades locais.

Anos depois, estreou na Broadway. Em 1925, o sucesso a levou à França. Em uma década, Josephine foi uma das estrelas mais conhecidas da Europa depois de dançar com uma saia de bananas no espetáculo icônico *"La Folie du Jour"* (A loucura do dia). Em 1937, naturalizou-se francesa.

Durante a Segunda Guerra Mundial, apoiou os Aliados como espiã. Depois do conflito e com a vida próspera, adotou doze crianças de diversas etnias que chamava de "tribo do arco-íris".

KOFI ANNAN

**08 DE ABR. DE 1938 – 18 DE AGO. DE 2018
KUMASI • GANA**

Conhecimento é Poder

DIPLOMATA, foi secretário-geral da ONU e ganhador do Prêmio Nobel da Paz de 2001.

Kofi nasceu numa família aristocrática de Gana, naquela altura uma região africana chamada Costa do Ouro. Frequentou um internato cristão até a formatura em 1957, quando o país se tornou a primeira colônia ao sul do deserto do Saara a conquistar a independência do império britânico.

Apaixonado pela educação e certo de que *"conhecimento é poder, informação é libertadora"*, estudou em quatro faculdades em Gana, Suíça e Estados Unidos.

Em 1962, ingressou numa equipe da Organização das Nações Unidas (ONU). Mais tarde, chegaria a secretário-geral, o posto mais alto da instituição. Kofi e as Nações Unidas receberam o Nobel da Paz "pelo trabalho por um mundo mais organizado e mais pacífico".

Langston Hughes
01 DE FEV. DE 1902 – 22 DE MAIO DE 1967
JOPLIN, MISSOURI • ESTADOS UNIDOS

Um dos mais conhecidos **ESCRITORES** da Renascença do Harlem, movimento artístico que ocorreu após a Primeira Guerra Mundial.

James Mercer Langston Hughes foi criado pela avó em Lawrence, Kansas. Quando ela faleceu, Langston se mudou para Illinois e, depois, foi para Ohio morar com a mãe. Em Illinois, foi eleito poeta da turma pelos colegas de escola.

Inspirado pelos escritores Carl Sandburg e Walt Whitman, contribuiu com a revista literária e o anuário do colégio.

Após a formatura, morou com o pai no México por cerca de um ano. Durante esse tempo, publicou "The negro speaks of rivers" ("O negro fala de rios") na revista *The Crisis*. O viajante lírico trabalhou como mordomo num navio que ia da África para a Espanha e, mais tarde, publicou poemas em Paris.

Apesar das dificuldades, o homem que escreveu: *"Agarre-se a seus sonhos, pois, se eles morrerem, a vida será como um pássaro de asas quebradas, incapaz de voar"*, seguiu o próprio conselho e virou um escritor prolífico. Depois de lançar o primeiro livro de poesia em 1926, escreveu mais de sessenta obras, incluindo memórias, romances, musicais, ópera, poemas infantis, contos e peças teatrais.

TONI MORRISON

18 DE FEV. DE 1931 – 5 DE AGO. DE 2019
LORAIN, OHIO • ESTADOS UNIDOS

A **ROMANCISTA** foi a primeira mulher negra a receber o Prêmio Nobel de Literatura.

Nascida Chloe Ardelia Wofford, Toni era de uma família da classe trabalhadora de Ohio. O interesse por música, leitura e folclore veio dos pais.

Cresceu em um bairro multirracial e disse que não havia desenvolvido uma compreensão completa do racismo até a adolescência. E contou: *"Quando estava no primeiro ano do ensino fundamental, ninguém pensava que eu era inferior. Era a única negra da turma e a única criança que sabia ler"*.

Estudiosa e motivada, Toni se formou com louvor. Mudou-se para Washington, D.C. para estudar na Universidade Howard e, posteriormente, na Universidade Cornell em Nova York. Mais tarde, tornou-se professora e publicou o primeiro romance, *O olho mais azul*.

A dedicação ao ofício deu a Toni o Prêmio Pulitzer, o Nobel e a Medalha Presidencial da Liberdade.

BRIAN LARA

02 DE MAIO DE 1969
SANTA CRUZ • TRINIDAD E TOBAGO

JOGADOR DE CRÍQUETE, é considerado um dos maiores batedores de todos os tempos.

Décimo de onze filhos, Brian Charles Lara começou a jogar críquete aos 6 anos. Sua educação precoce sobre a técnica correta de rebatidas o ajudou a fazer parte da equipe sub-16 de Trinidad.

Aos 20 anos, foi o capitão de críquete mais jovem de Trinidad e Tobago. Brian ganhou as manchetes por quebrar dois recordes de rebatidas em 1994 e por ser o maior artilheiro do esporte em 2005. Disse: *"Como a maioria dos atletas, fico muito nervoso antes de começar a rebater. Se alguém não fica nervoso, não sei em que esporte está envolvido".*

O jovem canhoto detém o recorde de maior pontuação individual no críquete de primeira classe. Brian aposentou o bastão para praticar golfe e virou embaixador de Esportes e Turismo de seu país. Participa de torneios de golfe com celebridades em todo o mundo.

MADAM C.J. WALKER

(SARAH BREEDLOVE)
23 DE DEZ. DE 1867 – 25 DE MAIO DE 1919
DELTA, LOUISIANA · ESTADOS UNIDOS

Primeira mulher negra a ficar **MILIONÁRIA**. Criou uma linha de cosméticos e produtos para cabelos crespos destinados às mulheres negras.

Madam nasceu Sarah Breedlove. Seus pais foram escravizados em uma plantação de Louisiana durante a Guerra Civil Americana. Órfã aos 7 anos, mudou-se para o Mississippi em busca de um futuro melhor.

Em 1906, Sarah se casou com C.J. Walker e adotou o nome dele. Quando uma doença no couro cabeludo levou à queda de seu cabelo, ela desenvolveu um tratamento caseiro que começou a vender para outras mulheres negras com o mesmo problema.

Madam construiu um império de beleza. Colocou anúncios com as próprias fotos de "antes e depois" em jornais editados por pessoas negras, vendeu os produtos em igrejas e treinou outras pessoas para compartilhar histórias sobre o estilo de vida de Madam C. J. Walker.

Conhecida por dizer *"comecei dando a mim mesma um começo"*, abriu caminho para outras pessoas viverem seus sonhos. Criou empregos para mulheres e contribuiu com bolsas de estudo e instituições de caridade. Também foi à Casa Branca para pedir ao então presidente norte-americano Woodrow Wilson, que apoiava políticas segregacionistas, que acabasse com a violência racial.

YANNICK NOAH

18 DE MAIO DE 1960
SEDAN • FRANÇA

Famoso pela vitória no Torneio de Roland Garros de 1983, é um grande CAMPEÃO DE TÊNIS.

Filho de mãe francesa e pai camaronês, Yannick Noah se tornou atleta como o pai, que era jogador de futebol. Durante a infância, dedicou-se ao treinamento na quadra e até fez a própria raquete. Os esforços valeram a pena e chamaram a atenção de Arthur Ashe, lenda norte-americana do tênis.

Durante o treinamento, Yannick teve que passar meses longe da família. Recorreu à música para aplacar a solidão e disse: *"Quando alguém canta, não fala sobre os problemas do dia a dia. Fala das coisas inspiradoras".*

Aos 17 anos, ganhou a categoria júnior no torneio de Wimbledon, na Inglaterra. E seguiu conquistando vitórias com seu estilo extravagante, incluindo os títulos Júnior da França e o Aberto da Itália.

O legado de Yannick continua por meio de sua instituição para crianças e de seu filho, o jogador de basquete Joakim Noah. Segue sendo o único atleta francês a se tornar uma celebridade após a aposentadoria, agora como cantor.

MAURICE ASHLEY

06 DE MARÇO DE 1966
ST. ANDREW · JAMAICA

Fez história como o primeiro negro a se tornar GRANDE MESTRE DE XADREZ. Também é escritor, comentarista e inventor de quebra-cabeças.

Quando criança, Maurice Ashley aprendeu sobre xadrez assistindo ao irmão e seus amigos jogarem na cidade de Kingston, Jamaica. Aos 12 anos, deixou a cidade natal e se mudou para Nova York.

Durante o ensino médio, desenvolveu habilidade e foco em parques e clubes de xadrez do Brooklyn. Continuou a participar de torneios, vencendo jogo após jogo.

Maurice é o primeiro homem negro a se tornar Grande Mestre Internacional, o título mais alto que pode ser concedido no xadrez.

É hoje um dos comentaristas de torneios de xadrez mais conhecidos do mundo. Também é técnico de crianças no Harlem, incentivando e promovendo o esporte entre os jovens de lá.

Ao conectar sua trajetória das ruas do centro da cidade ao Hall da Fama do Xadrez dos Estados Unidos, declarou: *"Todas aquelas rosas crescendo do concreto só querem uma chance de viver sua paixão e serem grandes."*

ALEXANDRE DUMAS
24 DE JUL. DE 1802 – 05 DE DEZ. DE 1870
VILLERS-COTTERÊTS • FRANÇA

Famoso AUTOR de O conde de Monte Cristo e Os três mosqueteiros, obras que foram traduzidas para mais de cem idiomas.

Conhecido pelos romances de aventura históricos, o escritor e dramaturgo francês nasceu Dumas Davy de la Pailleterie em 1802.

Durante a infância, viveu em Villers-Cotterêts com a mãe, Marie Louise, uma mulher negra e escravizada da ilha de São Domingos, hoje Haiti (não há registros de sua libertação em vida), e o pai, Thomas-Alexandre, o negro de mais alta patente do exército europeu na época.

Aos 20 anos, mudou-se para Paris, onde trabalhou como secretário do Duque de Orleans, futuro rei Luís Filipe I. Lá, ocupou-se com o drama romântico e com narrativas de histórias cômicas. Devido à popularidade de sua obra, Dumas conseguiu construir um castelo, o Château de Monte-Cristo.

Em 1851, sua fortuna se transformou em dívidas, o que o levou ao exílio. No final da vida, o escritor que cunhou *"um por todos, e todos por um"* contabilizou mais de 100 mil páginas publicadas.

MARTIN LUTHER KING, JR.

15 DE JAN. DE 1929 – 04 DE ABR. DE 1968
ATLANTA, GEÓRGIA • ESTADOS UNIDOS

EU TENHO UM SONHO

Um dos líderes mais influentes da história dos Estados Unidos, foi um **ATIVISTA DOS DIREITOS CIVIS** que dedicou a vida à igualdade racial.

Martin Luther King Jr. foi um sonhador que transformou sua visão em ação. Muito antes de ficar famoso pelos discursos épicos, imaginou um mundo onde *"as crianças viverão em um país onde não serão julgadas pela cor de sua pele, mas pelo seu caráter"*.

Filho de um pastor, Martin nasceu Michael e, no ensino médio, avançou duas séries, o que lhe valeu a admissão na prestigiada Universidade Morehouse aos 15 anos. Inspirado no pai, obteve doutorado em teologia.

Em 1955, foi o porta-voz do Boicote aos Ônibus de Montgomery, uma campanha para impedir a segregação nos ônibus da cidade. Aumentou o apoio aos direitos civis organizando protestos pacíficos.

Em 1963, em Washington, Martin colaborou com a organização da Marcha por Empregos e Liberdade e fez o famoso discurso "Eu tenho um sonho". Um ano depois, o Congresso dos Estados Unidos aprovou a Lei dos Direitos Civis proibindo a segregação.

Em 1964, ganhou o Prêmio Nobel da Paz e ajudou a aprovar a Lei dos Direitos de Voto. Embora não tenha vivido para ver seu sonho de igualdade racial e econômica para todas as pessoas se tornar realidade, o homem que disse: "somente na escuridão é possível ver as estrelas" criou um futuro mais luminoso para as gerações que vieram depois dele.

O Dia de Martin Luther King é feriado nacional nos Estados Unidos e acontece na terceira segunda-feira do mês de janeiro de cada ano.

MAYA ANGELOU

**04 DE ABR. DE 1928 – 28 DE MAIO DE 2014
ST. LOUIS, MISSOURI • EUA**

Famosa por sua poesia, ensaios, roteiros e atuação, foi uma ESCRITORA e ATIVISTA DOS DIREITOS CIVIS.

Antes de se tornar um nome conhecido, Marguerite Ann Johnson ou Maya Angelou teve uma infância difícil. Depois que os pais se separaram, ela e o irmão viajaram sozinhos para morar em Stamps, Arkansas, com a avó. Apesar das dificuldades, foi lá que o tio a ensinou a ler, inspirando sua paixão por livros.

Aos 7 anos, foi atacada pelo namorado da mãe. A angústia a fez parar de falar por anos. Mais tarde, baseou-se nessa experiência para escrever a autobiografia *Eu sei por que o pássaro canta na gaiola*.

Quando adulta, foi a primeira mulher negra condutora de teleférico de São Francisco e também a primeira mulher negra a ter um roteiro produzido nos Estados Unidos.

A autora que escreveu em diversos gêneros literários lutou por direitos iguais para mulheres e pessoas negras ao longo da vida. E disse: *"Você é suficiente. Você não precisa provar nada a ninguém"*.

NINA SIMONE

21 DE FEV. DE 1933 - 21 DE ABR. DE 2003
TRYON, CAROLINA DO NORTE
ESTADOS UNIDOS

Conhecida pelas letras honestas e performances ardentes, a CANTORA, PIANISTA e ATIVISTA DOS DIREITOS CIVIS quebrou barreiras culturais.

Aos 3 anos, Eunice Kathleen Waymon, ou Nina Simone, começou a tocar piano antes mesmo de alcançar os pedais. Criança solitária, conectava-se a outras pessoas pela música.

Aos 6, iniciou estudos de piano clássico. Com 12 anos, seu recital foi interrompido por racismo. Quando os pais foram retirados de seus assentos para dar lugar a pessoas brancas, ela exigiu que voltassem para a primeira fila.

Sua comunidade acreditava em seu talento e a ajudou a arrecadar fundos para financiar os estudos no prestigiado Conservatório de Música Julliard. Quando o dinheiro acabou, tocou jazz em clubes para se sustentar. Nina ganhou fãs e, em 1957, "I loves you Porgy" atingiu o Top 20 das paradas de sucesso e a apresentou ao mundo.

Também usou sua voz como um megafone para o movimento pelos direitos civis nos anos 1960. E disse: *"Não tem desculpa para os jovens não saberem quem foram seus heróis e heroínas"*. Enfurecida com a injustiça racial nos Estados Unidos, morou no exterior de 1973 até a morte.

SIMONE BILES

14 DE MARÇO DE 1997 • COLUMBUS, OHIO • ESTADOS UNIDOS

OURO · OURO

A GINASTA ganhou mais medalhas olímpicas e mundiais do que qualquer outra atleta norte-americana da modalidade, e conduziu sua equipe à vitória nas Olimpíadas de 2016.

Simone Biles já voava alto muito antes de desafiar a gravidade como a ginasta mais premiada dos Estados Unidos. Das competições com os irmãos no trampolim às escaladas em caixas de correio de um metro até aprender a fazer dobras nas costas, o espírito aventureiro a definiu desde muito nova.

Criada no Texas, ela e os irmãos foram colocados em um orfanato porque a mãe biológica não podia cuidar deles. Os avós a adotaram junto com a irmã caçula, proporcionando-lhes um lar seguro e acolhedor.

Aos 6 anos, o talento natural chamou a atenção de um técnico de ginástica local e ela começou a treinar. Simone desenvolveu a força, praticou com a irmã e observou os treinos olímpicos para se aprimorar.

Embora a motivação a tenha ajudado a transformar desafios em ouro olímpico, a dedicação ao esporte fez com que perdesse festas e jogos de futebol americano no colégio. Apesar disso, suas habilidades incomparáveis de salto, equilíbrio e exercícios de solo valeram a pena.

Simone foi a primeira ginasta desde 1974 a ganhar quatro títulos consecutivos no Campeonato Nacional de Ginástica dos Estados Unidos, a primeira mulher a ser campeã mundial por três anos consecutivos e a primeira mulher negra conquistar um título nessa prova. Sobre a própria experiência, disse: *"Fazer história é muito legal"*.

Simone, a mais baixa de todos os 555 atletas norte-americanos nas Olimpíadas do Rio em 2016, destaca-se nos esportes e na vida. Ganhou as manchetes por dizer "sorrir não te faz ganhar medalhas de ouro", quando um apresentador do show de talentos *Dançando com as estrelas* a criticou por não sorrir o bastante durante sua apresentação perfeita.

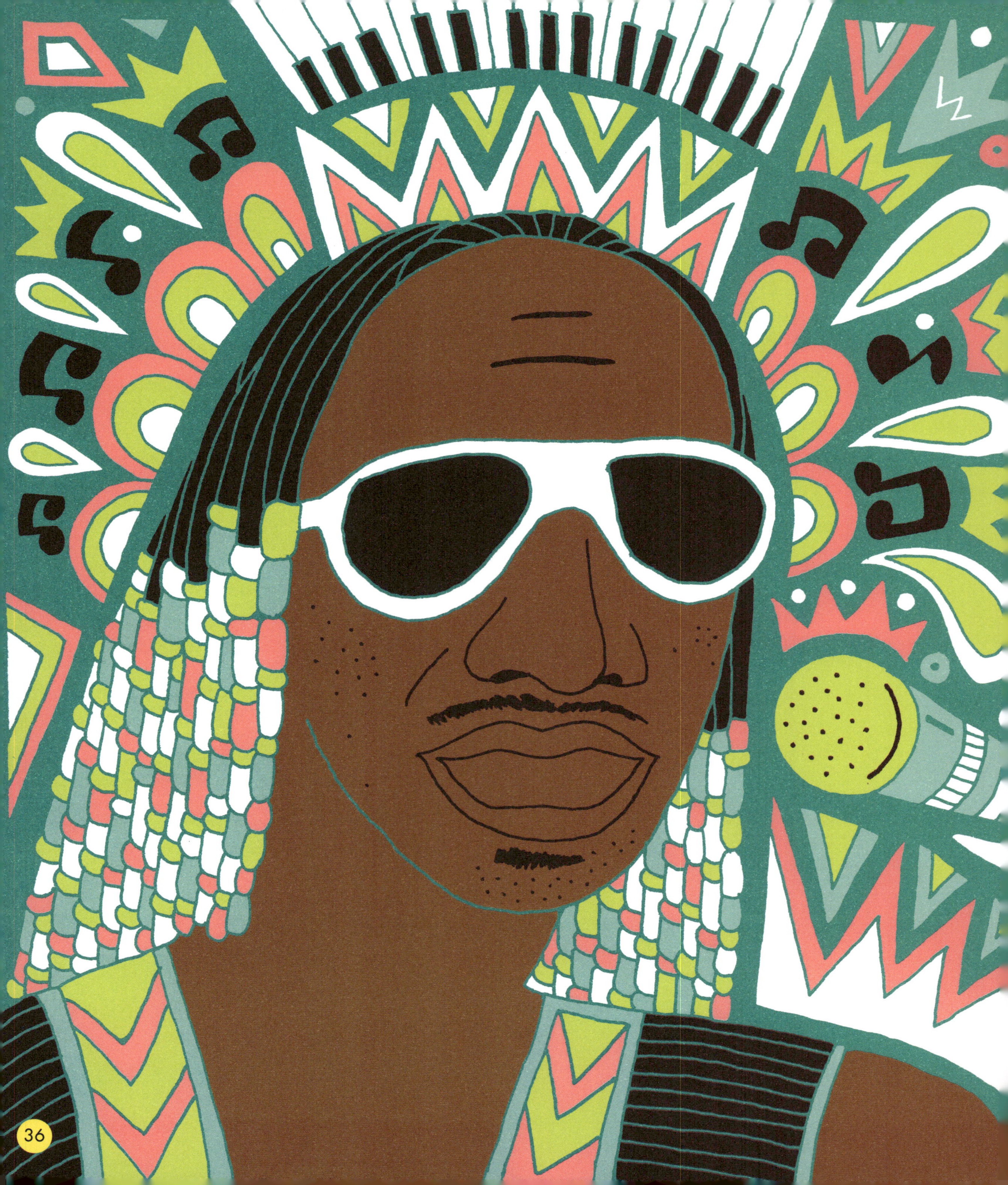

Stevie Wonder

13 DE MAIO DE 1950 • SAGINAW, MICHIGAN • ESTADOS UNIDOS

Um dos maiores **MÚSICOS** de todos os tempos. Lenda da cultura pop e **ATIVISTA**.

O terceiro de seis filhos, Steveland Judkins Hardaway Morris nasceu em Saginaw, Michigan. Prematuro, perdeu a capacidade de enxergar.

Aos 11 anos, Steveland assinou um contrato com a lendária gravadora Motown e logo fez sucesso. Dois anos depois, o menino, conhecido pelo nome artístico de Little Stevie Wonder, liderou as paradas com a canção "Fingertips". Esta foi a primeira gravação ao vivo a conseguir tal honra, e a primeira canção a liderar as paradas pop e R&B da Billboard ao mesmo tempo.

Stevie foi uma criança prodígio e deslumbrou o mundo com seu talento na gaita, no piano, na bateria e no vocal. Quando atingiu a maioridade, a voz mudou junto com o corpo. Isso quase resultou na saída da Motown, fazendo-o abandonar o apelido de "Little" e a desenvolver sua identidade como Stevie Wonder, o vocalista adulto.

Stevie usa a voz para compartilhar a esperança que imagina para a humanidade. Disse: *"Só porque um homem não pode usar os olhos, não significa que não tem visão"*.

Como um dos sessenta artistas que mais vendeu álbuns no mundo todo e vencedor do Grammy por 25 vezes, Stevie usa sua popularidade para defender causas sociais. Colaborou para que o aniversário de Martin Luther King Jr. se tornasse feriado nacional nos Estados Unidos.

ESPERANZA SPALDING
18 DE OUTUBRO DE 1984
PORTLAND, OREGON • EUA

CANTORA e CONTRABAIXISTA DE JAZZ vencedora do Grammy.

Esperanza Spalding foi criada por uma mãe solo multirracial em um bairro que descreveu como "violento" em Portland, Oregon. Como uma criança curiosa, a paixão pela música de diferentes culturas a inspirou.

Aos 4 anos, descobriu o violoncelista Yo-Yo Ma enquanto assistia a um episódio do seriado infantil *Mister Rogers*. Inspirada por Ma, aprendeu sozinha a tocar violino com 5 anos. Até os 15, fez parte da Sociedade de Música de Câmara de Oregon, onde foi primeira violinista.

Frequentou o colégio Northwest Academy com bolsa de estudos e se dedicou ao oboé e ao clarinete. Foi no colégio que descobriu e se apaixonou pelo contrabaixo, e começou a compor para uma banda de rock local.

Enquanto estava no conservatório Berklee School of Music, começou a chamar atenção com a habilidade única de escrever canções, cantar em inglês, espanhol e português e tocar contrabaixo. Esperanza credita seu estilo às diversas influências: *"Se você é uma escritora e escreve ficção, não significa que você lê ficção"*.

A abertura à diversas influências, entre elas a música brasileira, esculpiu sua música e a ajudou a vencer o Grammy como artista revelação em 2011.

SIDNEY POITIER
20 DE FEVEREIRO DE 1927
MIAMI, FLÓRIDA • EUA

Aclamado CINEASTA, ATOR e DIRETOR, foi o primeiro homem bahamense e negro a ganhar o Oscar de melhor ator.

Sidney Poitier nasceu prematuro enquanto os pais estavam de férias na Flórida. Embora não fosse esperado que sobrevivesse, cresceu forte e se mudou para a fazenda de tomates da família nas Bahamas.

O pai tinha medo de que ele se envolvesse em confusões. Por isso, quando fez 14 anos, foi enviado para morar com o irmão em Miami. Mas, aos 16, teve de se mudar outra vez, e foi para Nova York após um encontro com a Ku Klux Klan, um grupo violento de ódio racial.

Ganhar a vida era difícil. Enquanto trabalhava em empregos temporários, viu um panfleto sobre oportunidades de atuação no American Negro Theatre (Teatro Negro Americano). Como não sabia cantar ou dançar como se esperava que atores negros fizessem na época, concentrou-se em atuar.

Sidney manteve o lema: *"Simplesmente acordo todas as manhãs sendo uma pessoa melhor do que quando fui dormir".*

Foi o primeiro homem negro a ganhar um Oscar pela atuação em *Uma voz nas sombras*. O trabalho de Sidney como ator mudou positivamente a imagem das pessoas negras na mídia, e ele é sempre lembrado pelo filme *Ao mestre com carinho*, que figura nas listas de melhores filmes.

OPRAH WINFREY

29 DE JANEIRO DE 1954
KOSCIUSKO, MISSISSIPPI • EUA

Uma das mais conhecidas APRESENTADORAS DE TV DO MUNDO. Também é empresária, atriz e produtora.

Oprah Winfrey nasceu "Orpah" no Mississippi, filha de uma mãe solo adolescente. Como o nome dela costumava ser pronunciado incorretamente, mais tarde foi alterado para "Oprah". Foi criada pela avó, que a ensinou a ler antes dos 3 anos.

Aos 6 anos, foi morar com a mãe, que precisava se ausentar devido às longas horas de trabalho como empregada doméstica. A vida em casa era dura e Oprah fugiu. Apesar da infância difícil, destacou-se como uma oradora talentosa na escola. O talento para a palavra lhe rendeu uma bolsa integral na Universidade Estadual do Tennessee.

Aos 19 anos, foi a primeira repórter negra de Nashville. O sucesso abriu caminho para que fosse a apresentadora do *Oprah Winfrey Show* por 25 temporadas.

Oprah incentivou o público a *"transformar feridas em sabedoria"*. Sua mensagem positiva inspirou milhões de pessoas, incluindo o ex-presidente Barack Obama, que a premiou com a Medalha Presidencial da Liberdade em 2013.

Pelé (EDSON ARANTES do NASCIMENTO)

23 DE OUTUBRO DE 1940
TRÊS CORAÇÕES, MINAS GERAIS • BRASIL

Três vezes campeão mundial pela seleção brasileira, o REI DO FUTEBOL revolucionou o esporte.

Estrela desde criança, seu nome é uma homenagem ao inventor da lâmpada Thomas Edison. Filho de Dona Celeste e de seu "Dondinho", o menino Pelé teve uma infância pobre na cidade de Bauru, interior de São Paulo.

A paixão pelo esporte começou ao acompanhar o pai nos treinos. Dondinho jogou como atacante no Bauru Atlético Clube, mas teve de se aposentar muito cedo, devido ao agravamento de uma lesão no joelho que o acompanhava desde os tempos em que vivia em Minas Gerais. Para ajudar a família, depois da escola, Pelé trabalhava como engraxate e vendedor de amendoins.

Na final da Copa do Mundo de 1950, ao ver o pai em prantos por causa da derrota do Brasil para o Uruguai em pleno Maracanã, episódio conhecido como *Maracanazo*, Pelé fez uma promessa: "Ainda vou ser campeão mundial para deixar você feliz".

Aos 15 anos, foi contratado pelo Santos Futebol Clube. Aos 16, marcou o primeiro de seus 1283 gols como profissional. Em 1957, chegou à seleção brasileira e, no ano seguinte, na Copa da Suécia, cumpriu a promessa feita ao pai, sagrando-se o mais jovem campeão mundial da história da modalidade com apenas 17 anos.

"A prática é tudo" é um dos lemas de Pelé. Em 1999, foi eleito o atleta do século 20 pelo Comitê Olímpico Internacional.

UNIDADE

Nelson Mandela

18 DE JUL. DE 1918 – 05 DE DEZ. DE 2013
MVEZO TRANSKEI • ÁFRICA DO SUL

Vencedor do Prêmio Nobel da Paz, foi PRESIDENTE DA ÁFRICA DO SUL de 1994 a 1999.

Mandela nasceu às margens do rio de uma aldeia na África do Sul, filho de pais da família real do povo Thembu. Foi batizado "Rolihlahla", que significa "agitador" na língua xhosa, título que ele manteria pelo resto da vida.

Rolihlahla adorava aprender e disse que "a educação é a arma mais poderosa que podemos usar para mudar o mundo". Foi para uma escola missionária, onde a professora começou a chamá-lo de "Nelson".

Nelson foi tratado com crueldade devido ao *apartheid*, sistema que usava leis para discriminar as pessoas com base na cor da pele. Embora fossem a maioria, as pessoas negras não podiam participar da vida política e administrativa do país e não tinham acesso à educação e a salários. E ainda eram tratadas com violência ao defenderem seus direitos.

Madiba, como também era conhecido, falou sobre direitos humanos, o que fez com que empresas e pessoas importantes parassem de fazer negócios com a África do Sul. Por defender a igualdade, ficou preso por 27 anos em uma pequena cela na prisão da ilha Robben.

Enfrentar "bons problemas" o ajudou a transformar o país. Mandela, que relata suas memórias no livro *Longa caminhada até a liberdade*, é celebrado por promover a paz e construir pontes entre as pessoas. Junto com o ex-presidente sul-africano F.W. de Klerk ajudou a acabar com o apartheid e conduzir a transição pacífica da África do Sul para a democracia. Ao fim desse processo, Mandela foi eleito presidente em 1994. Viveu pelas seguintes palavras: *"Tudo parece impossível até que seja feito"*.

Mandela morreu em 2013, mas seu legado de resistência, esperança e dignidade vive na despontante geração "nascida livre" da África do Sul.

LOUIS ARMSTRONG

04 DE AGO. DE 1901 – 06 DE JUL. DE 1971
NOVA ORLEANS, LOUISIANA
ESTADOS UNIDOS

Conhecido como "Satchmo", é um dos ARTISTAS MAIS INFLUENTES do jazz. Sua performance e músicas com muito *swing* revolucionaram o gênero.

Louis Daniel Armstrong nasceu em uma região tão rude de Nova Orleans que foi apelidada de "Campo de Batalha". Depois que o pai o abandonou, teve de deixar a escola para ajudar no sustento da família como coletor de lixo e entregador de carvão.

Quando jovem, foi preso por dar um tiro para o alto com a arma do padrasto em uma festa. Como punição, a polícia o confinou em um lar para garotos. Lá, aprendeu a tocar corneta e descobriu a paixão pela música.

Em 1914, Joe *"King Oliver"* Louis ensinou Armstrong a tocar trompete e o colocou no palco num show com a banda de Kid Ory, a melhor da cidade. Durante a década de 1920, Louis ganhou fama pela maestria vocal e no trompete.

Graças ao raro talento, foi reconhecido como um virtuoso. Entre as grandes interpretações da carreira, estão "La vie en rose" e "What a wonderful world", em português: *"Que mundo maravilhoso"*.

ROSA PARKS

04 DE FEV. DE 1913 – 24 DE OUT. DE 2005
TUSKEGEE, ALABAMA
ESTADOS UNIDOS

ATIVISTA DOS DIREITOS CIVIS, recusou-se a ceder o assento no ônibus a um passageiro branco e deu início ao boicote aos ônibus de Montgomery.

Rebelde com causa, nasceu Rosa Louise McCauley no Alabama, filha de um carpinteiro e de uma professora. Aos 2 anos, mudou-se para a fazenda dos avós. No passado, eles tinham sido escravizados em Pine Level, uma cidade que separava as pessoas pela cor.

Crescendo, Rosa ouviu a Ku Klux Klan, grupo que promove o ódio racial, passar por sua casa à noite. Temia que seu lar fosse incendiado. Apesar dos riscos, lutou quando jovens brancos a intimidaram.

Em 1955, recusou-se a ceder lugar a um branco na "seção negra" de um ônibus urbano quando a seção "somente brancos" lotou. Mais tarde, questionada se permaneceu sentada porque estava cansada, Rosa disse: *"Meu único cansaço era o cansaço de sempre ceder"*.

Ela foi presa, e pessoas negras em toda a cidade pararam de usar os ônibus em protesto. Isso forçou a cidade de Montgomery a acabar com a segregação nos ônibus públicos.

Rosa foi ativista pelo resto da vida. Chamada de "a mãe do movimento pela liberdade", seu legado vive em todas as pessoas que se recusam a obedecer regras injustas que ferem e dividem as pessoas.

NAOMI CAMPBELL

**22 DE MAIO DE 1970
STREATHAM,
LONDRES ·
INGLATERRA
REINO UNIDO**

A **SUPERMODELO** e **ATRIZ** foi a primeira mulher negra a ser capa da *Vogue* francesa.

Naomi Elena Campbell se destacou desde muito nova. Aos 3 anos, matriculou-se em uma escola de arte e aos 7 estreou no videoclipe "Is this love" da lenda do reggae Bob Marley.

Filha de uma dançarina profissional de ascendência jamaicana-chinesa, morou na Itália, onde a mãe trabalhava, e ficava com parentes enquanto ela estava em turnê.

De volta à Inglaterra, estudou balé na Academia Italia Conti. Aos 15 anos, Naomi foi vista por um diretor de uma agência de modelos enquanto fazia compras. Foi capa da revista britânica *Elle* antes de completar 16 anos. Naomi foi a primeira mulher negra a aparecer nas capas da *Vogue* francesa e britânica e da *Time*.

Graças ao jeito de caminhar na passarela, a supermodelo passou a ser requisitada pelos melhores estilistas do mundo. Embora tenha enfrentado discriminação em uma indústria predominantemente branca, persistiu, dizendo: *"Não vou calar a boca"*. Naomi fala contra o racismo na moda para ajudar a tornar o ramo mais diverso.

SAMUEL COLERIDGE-TAYLOR

15 DE AGO. DE 1875 – 01 DE SET. DE 1912
HOLBORN, LONDRES • INGLATERRA

Foi um COMPOSITOR multirracial, conhecido como o "Mahler africano".

Samuel começou a tocar violino aos 5 anos. Inspirado por um tio que era músico profissional, o jovem se juntou ao coro de igreja e desenvolveu suas habilidades.

Aos 15 anos, foi para o Royal College of Music de Londres. Durante a faculdade, apaixonou-se pela colega Jessie. Embora os pais dela se opusessem ao relacionamento por causa da herança cultural de Samuel, casaram-se e tiveram um filho chamado Hiawatha.

Samuel combinou melodias tradicionais e música de concerto em peças clássicas. Em 1898, a estreia bem-sucedida da obra-prima *The song of Hiawatha*, uma trilogia de cantatas, o estabeleceu como músico famoso. Apesar de sofrer injustiças, foi convidado pelo presidente Roosevelt para ir à Casa Branca, o que era muito raro para quem não fosse uma pessoa branca naquela época. Em 1910, desafiou o racismo regendo orquestras brancas durante uma turnê nos Estados Unidos.

Embora sua carreira tenha terminado precocemente aos 37 anos, quando morreu vítima de pneumonia, Samuel abriu caminho para artistas eruditos negros e multirraciais das gerações vindouras.

CAMPEÃO BOXE

MUHAMMAD ALI (CASSIUS MARCELLUS CLAY, JR.)

17 DE JAN. DE 1942 – 03 DE JUN. DE 2016 • LOUISVILLE, KENTUCKY • EUA

Foi um **PUGILISTA** campeão mundial na categoria peso-pesado, famoso pela ética de trabalho incansável.

Aos 12 anos, Cassius teve a bicicleta roubada. Indignado, disse a Joe Martin, um policial, que iria espancar o responsável. Mas Martin disse que ele precisava aprender a lutar e o ensinou o boxe.

A habilidade em se mover mais rápido do que os adversários o ajudou a vencer 100 das 105 lutas que disputou. Em 1960, seus golpes poderosos o levaram à Itália, onde ganhou o ouro olímpico. A vitória em Roma deu início à carreira profissional. Enquanto se preparava para uma luta, prometeu *"flutuar como uma borboleta e picar como uma abelha"*.

Logo depois, converteu-se ao islã e mudou o nome para Muhammad Ali, tendo como mentor político e espiritual Malcolm X, um dos mais destacados líderes do movimento negro da época. Com suas ações e sua verve, Ali combateu também o racismo.

Em 1981, pendurou as luvas. Nos anos seguintes, o vencedor da Medalha Presidencial da Liberdade ajudou a ONU a fornecer alimentos, remédios, roupas e educação para as pessoas que mais precisavam.

Shirley Chisholm

30 DE NOV. DE 1924 – 01 DE JAN. DE 2005
BROOKLYN, NOVA YORK • ESTADOS UNIDOS

Foi uma **EDUCADORA**, **POLÍTICA** e a primeira **CONGRESSISTA** negra dos Estados Unidos.

Começou a vida como primogênita de quatro filhas nascidas de pais imigrantes caribenhos. Aos 5 anos, embarcou para Barbados para morar na fazenda da avó, enquanto os pais trabalhavam em Nova York. Shirley foi para uma escola que tinha apenas uma sala de aula e professores rígidos que a ajudaram a refinar seu talento para falar e escrever.

Em 1939, voltou ao Brooklyn. No Brooklyn College, um professor universitário percebeu sua "mente rápida e habilidade para o debate", e a incentivou a seguir na política. Juntou-se à equipe de debate, mas depois fundou o próprio clube quando o grupo barrou participantes negros.

Shirley nunca pediu para ser incluída. Ocupou seu lugar de direito e abriu caminho para outras pessoas. Disse: *"Se não te dão um lugar à mesa, traga uma cadeira dobrável"*.

Shirley foi a primeira candidata negra a concorrer à presidência dos Estados Unidos no ano de 1972. Em 2015, o ex-presidente Barack Obama a condecorou postumamente com a Medalha Presidencial da Liberdade.

Steve McQueen

09 de outubro de 1969
Londres, Inglaterra
Reino Unido

É DIRETOR DE CINEMA, artista visual, roteirista e produtor.

Steven Rodney McQueen nasceu em Londres, em 1969. Filho de pais da classe trabalhadora de Trinidad e Tobago. Aos 5 anos, demonstrou ser uma promessa artística quando a biblioteca do bairro Shepherd's Bush exibiu um desenho que fez da família.

Steve sentiu o impacto da injustiça desde pequeno. Artista talentoso já aos 13 anos, ficou desapontado porque alguns alunos tinham privilégios e outros eram empurrados para tarefas de trabalho manual. Triste com a falta de apoio da escola, desenhar virou sua fuga. Ansiava por modelos criativos de pessoas negras ao mesmo tempo que lutava para obter boas notas.

O pai queria que ele estudasse em um curso técnico, mas o talento artístico fez com que fosse admitido no Chelsea College of Arts e, mais tarde, na escola de cinema.

Steve dirigiu o filme *12 anos de escravidão* baseado em um livro de memórias sobre um negro norte-americano livre que foi sequestrado e escravizado. O filme lhe rendeu um Oscar e aumentou a consciência sobre os horrores do cativeiro. Em 2014, dedicou o prêmio às pessoas impactadas pela escravidão e declarou: *"Todos merecem não apenas sobreviver, mas viver"*.

ZADIE SMITH

27 DE OUTUBRO DE 1975
LONDRES,
INGLATERRA • REINO UNIDO

DENTES BRANCOS

PREMIADA ROMANCISTA, ensaísta e contista.

Nascida Sadie, foi criada em Londres por mãe jamaicana e pai inglês. Uma criança estudiosa e criativa, passou a infância desenvolvendo a paixão pelo sapateado e pelo teatro musical.

Aos 14 anos, mudou o nome para "Zadie". Inspirada pelo escritor favorito, Vladimir Nabokov, começou a moldar sua voz literária.

Zadie foi estudar na prestigiada Universidade de Cambridge. Enquanto esteve lá, a aspirante a escritora trabalhou como cantora de jazz e publicou contos numa antologia que chamou a atenção de uma editora. Zadie escreveu o primeiro romance, *Dentes brancos*, no último ano na universidade. O livro, sobre três famílias e sua diversidade cultural na Londres moderna, foi recebido com entusiasmo pela crítica e pelo público. Isso abriu caminho para a carreira como escritora e professora de escrita criativa.

Ao aconselhar escritores, Zadie disse: *"Quando ainda for criança, leia muitos livros. Passe mais tempo fazendo isso do que qualquer outra coisa"*.

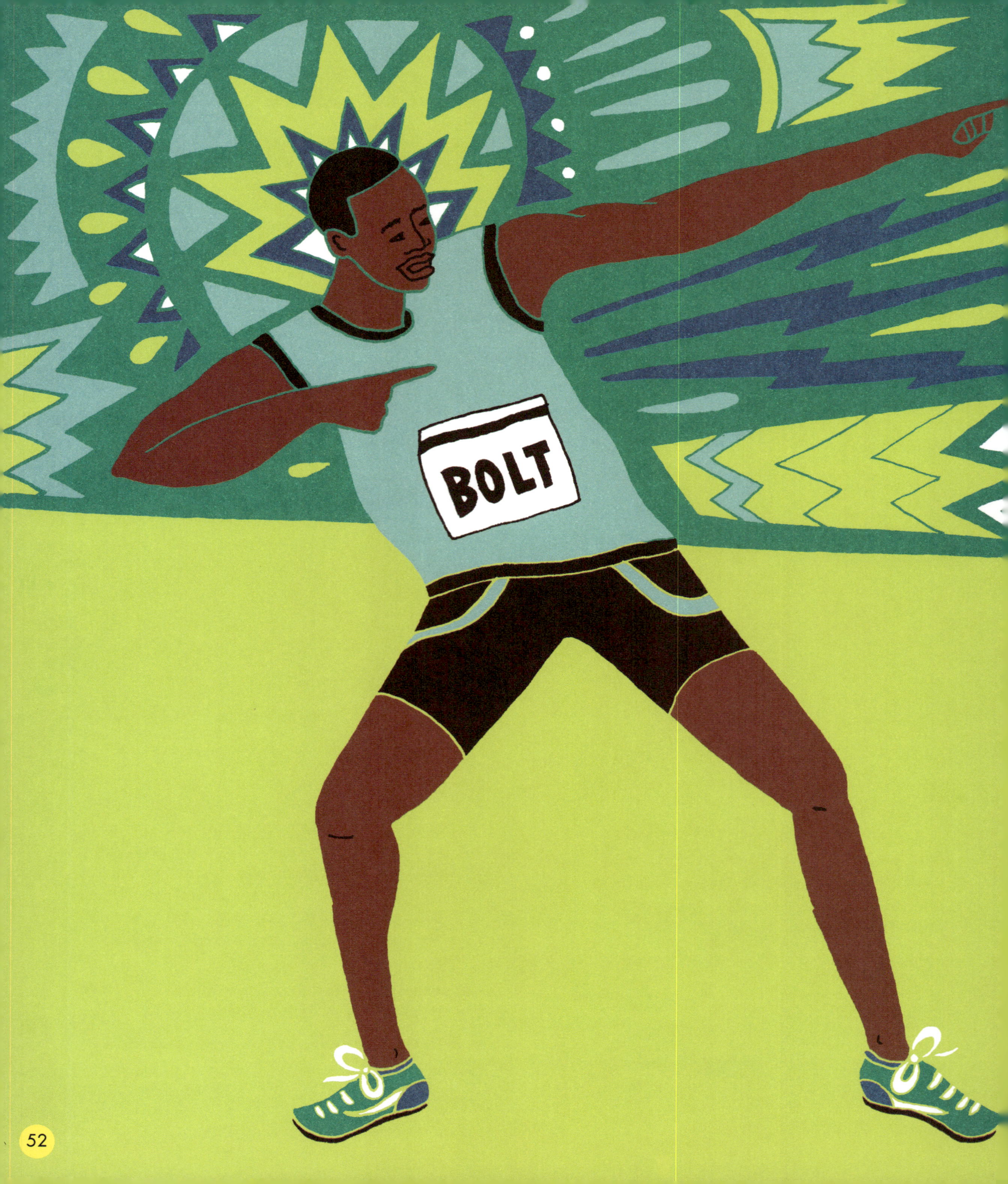
BOLT

USAIN BOLT

**21 DE AGOSTO DE 1986
SHERWOOD CONTENT
JAMAICA**

O ser humano vivo mais rápido do mundo e **VELOCISTA MULTICAMPEÃO OLÍMPICO**.

Antes de se tornar oito vezes campeão olímpico e de ser conhecido como "raio", nasceu Usain St. Leo, filho de donos de mercearia na cidade de Sherwood Content, Jamaica. Quando ele e os irmãos não estavam ajudando a família, seguiam os passos dos pais esportistas correndo, jogando críquete e futebol.

Aos 10 anos, quando Bolt passou a se destacar, os pais o apoiaram cultivando inhame para fortalecer o corpo do filho. Alimentado pela dieta jamaicana e pelo gosto por esportes, Bolt começou a ultrapassar os colegas de classe.

Com 12 anos, participou da competição anual da escola primária nacional e conquistou o título de velocista de 100 metros rasos mais rápido. Ganhou destaque internacional quando a vitória nos 200 metros rasos o consagrou como o mais jovem medalhista de ouro do Campeonato Mundial Juvenil de Atletismo.

Apesar da velocidade e do talento natural, na juventude, Bolt lutou contra repetidas lesões relacionadas a uma curvatura na coluna vertebral. À medida que envelhecia, aprendeu a vencer a escoliose com a mesma ferocidade que batia os concorrentes, mantendo as costas e o tronco fortes.

Embora Bolt respeite os grandes atletas que abriram caminho, ele afirma orgulhosamente a posição atual como o homem vivo mais rápido do mundo, dizendo: *"Muitas lendas vieram antes de mim, mas agora é a minha vez".*

WANGARI MAATHAI
01 DE ABR. DE 1940 – 25 DE SET. DE 2011
CONDADO NIERI • QUÊNIA

MAMA MITI

Ganhadora do Prêmio Nobel da Paz, foi uma EDUCADORA e ATIVISTA AMBIENTAL.

Wangari cresceu em uma fazenda nas montanhas do Quênia. A família vivia entre árvores frutíferas exuberantes e rios correntes. Foi para a escola quando tinha 8 anos, embora isso fosse raro para as meninas na época. Desde o início, ficou curiosa sobre como e por que os seres vivos crescem.

Mais tarde, foi para a faculdade nos Estados Unidos, onde se inspirou no movimento dos direitos civis. Quando voltou para casa, ficou chocada ao saber que muitas de suas amadas árvores tinham sido cortadas por construtoras. A terra estava seca devido à falta de sombra e as colheitas, prejudicadas. Então, deu início ao Movimento do Cinturão Verde Pan-Africano para plantar novas florestas no Quênia.

Wangari liderou o movimento de plantação de mais de 30 milhões de árvores e colaboração a 30 mil mulheres para construir uma vida melhor.

Disse: *"As pessoas cidadãs fazem pequenas coisas e isso é que faz a diferença. Minha pequena coisa é plantar árvores"*.

Apesar de sua morte em 2011, as sementes que plantou ao defender a natureza continuam a crescer em todo o mundo.

MAE JEMISON
17 DE OUTUBRO DE 1956 • DECATUR, ALABAMA • ESTADOS UNIDOS

A **ASTRONAUTA** foi a primeira mulher negra a viajar no espaço.

Desde pequena, Mae mirou as estrelas. Era uma criança curiosa e foi criada no Alabama e em Chicago pelo pai carpinteiro e pela mãe professora. Quando não estava estudando, estava dançando, atuando em peças e lendo sobre ciências.

Mae era fascinada por astronomia e pelo funcionamento do corpo humano. O interesse em ciências e medicina a levou a estudar engenharia bioquímica na Universidade de Stanford. Mais tarde, fez parte do Corpo de Paz em Serra Leoa e na Libéria como médica.

Mae disse: *"Eu sempre soube que iria para o espaço"*. E ela perseguiu esse sonho de toda a vida quando voltou aos Estados Unidos. Inscreveu-se no programa de treinamento de astronautas da NASA e, em 1987, foi a primeira mulher negra no programa espacial. Em 1992, voou ainda mais alto como a primeira mulher negra a viajar para o espaço.

55

O **ATIVISTA**, sociólogo e escritor foi cofundador da Associação Nacional para o Avanço das Pessoas de Cor.

William Edward Burghardt Du Bois cresceu em Great Barrington, uma comunidade com poucos residentes negros em Massachusetts. O pai deixou a família quando William ainda era criança.

Aos 16 anos, sua mãe faleceu, deixando-o sozinho no mundo. Mesmo diante das dificuldades, William foi o primeiro estudante negro norte-americano a se formar no ensino médio. Disse: *"Educação e trabalho são as alavancas para levantar um povo"*.

Em 1885, foi estudar na Universidade Fisk no Tennessee. Gostava de ter mais acesso à cultura negra na Fisk, mas as experiências com a discriminação o levaram a examinar as raízes do racismo. Graças aos estudos, virou um ativista.

Conhecido como W.E.B., foi uma das principais vozes negras do século XX contra o racismo e o colonialismo e cofundador de um grupo multirracial de direitos civis que promove a justiça.

W.E.B. Du BOIS
23 DE FEV. DE 1868 – 27 DE AGO. DE 1963
GREAT BARRINGTON, MASSACHUSETTS
EUA

NICOLA ADAMS

**26 DE OUTUBRO DE 1982
LEEDS, WEST YORKSHIRE, INGLATERRA**

OURO

A **PUGILISTA** é a primeira mulher a ganhar um título olímpico de boxe.

Nicola Adams tem vencido as adversidades desde a infância. Cresceu em um bairro rude em Leeds, onde encontrou conforto assistindo a vídeos de grandes nomes do boxe como Muhammad Ali, junto com o pai. Nicola se inspirou nos movimentos rápidos e elegantes de Ali e decidiu que queria ser lutadora como ele.

Apesar de ter asma e alergias, disse à mãe que ganharia uma medalha de ouro, muito antes do boxe feminino ser um esporte olímpico. Aos 12 anos, foi com ela até uma academia porque a babá não apareceu. Lá, descobriu uma aula de boxe infantil e foi fisgada.

A premiada atleta britânica venceu a primeira luta aos 13 anos, apesar da falta de oportunidades para boxeadoras. Foi a primeira mulher a vencer na modalidade. Medalha de ouro nas Olimpíadas de Londres em 2012 na categoria peso mosca. E disse: *"Eu sempre quis vencer. Eu não penso em perder até que aconteça"*. Quatro anos depois, no Rio de Janeiro, repetiu o feito e se sagrou bicampeã olímpica.

58

Serena Williams & Venus Williams

26 DE SETEMBRO DE 1981
SAGINAW, MICHIGAN • EUA

17 DE JUNHO DE 1980
LYNWOOD, CALIFÓRNIA • EUA

As irmãs Williams são consideradas duas das melhores JOGADORAS DE TÊNIS da história.

Filhas de Richard e Oracene Williams, Serena e Venus têm mais três irmãs. Embora sejam famosas por serem duas das melhores atletas de todos os tempos, o vínculo fraternal supera suas forças. Serena disse: *"Família em primeiro lugar, e isso é o que mais importa. Percebemos que nosso amor vai muito além do jogo de tênis".*

O pai delas, Richard, um trabalhador rural da Louisiana, sonhou que as filhas se tornariam campeãs de tênis. Estudou com livros e vídeos instrutivos para ajudar a ensiná-las a jogar quando tinham 3 anos. O treinamento valeu a pena. Com 4 anos, Serena venceu o primeiro torneio.

Quando as meninas eram crianças, a família se mudou para uma casa de reboco branco em uma comunidade difícil em Compton, Califórnia. O pai usava o ambiente hostil para motivá-las a estudar e a trabalhar muito.

Às vezes, as meninas praticavam em quadras inapropriadas e sem redes por duas horas ou mais por dia. Treinavam tão duro que quebravam as cordas da raquete ao acertar até 500 bolas com força. No processo, desenvolveram saques poderosos.

O tênis virou um refúgio contra a violência que atingiu a comunidade onde viviam, e as colocou no cenário mundial quando alcançaram a fama na década de 1990. Apesar do talento incomparável, enfrentaram críticas e exclusão devido ao racismo e ao seu estilo único. Serena e Venus estrearam com um ano de diferença como jogadoras profissionais e têm feito barulho dentro e fora das quadras como atletas e colaboradoras de causas importantes.

MARÉ
MARIELLE FRANCO
(Marielle Francisco da Silva)
27 de JUL. de 1979 -
14 de MAR. de 2018
RIO DE JANEIRO, BRASIL
PRESENTE!
VIVE

Socióloga e ATIVISTA FEMINISTA DOS DIREITOS HUMANOS. Ícone mundial de RESISTÊNCIA POLÍTICA.

Marielle Francisco da Silva cresceu com os pais e a irmã e tinha orgulho de dizer que era "cria da Maré", complexo de dezesseis favelas na Zona Norte do Rio de Janeiro.

Começou a trabalhar aos 11 anos como vendedora ambulante junto com os pais. Em 1998, Marielle teve sua única filha, Luyara, e, no mesmo ano, matriculou-se no curso pré-vestibular oferecido a moradores da comunidade.

Cursou Ciências Sociais na PUC e, depois, fez mestrado na Universidade Federal Fluminense, onde pesquisou sobre a ação da polícia nas favelas.

Atuante na comunidade e em coletivos, percebeu que sua voz representava a de milhares de pessoas. Em 2016, candidatou-se a um cargo público no Rio de Janeiro e se tornou a segunda vereadora mais votada do país.

Seus projetos de leis e pautas em defesa dos direitos da população LGBTQI+, das mulheres negras e das pessoas moradoras de favelas foram reconhecidas pela Anistia Internacional e outras instituições civis de importância global.

Marielle Franco foi assassinada junto com seu motorista, Anderson Pedro Mathias Gomes, no dia 14 de março de 2018. A notícia de sua morte comoveu e gerou manifestações ao redor do mundo, sob o mote "Marielle Vive!".

"As rosas da resistência nascem no asfalto. A gente recebe rosas, mas vamos estar com o punho cerrado falando de nossa existência contra os mandos e desmandos que afetam nossas vidas."

Marielle é como a semente dessa rosa da resistência, e suas ideias de igualdade crescem para muito além do asfalto, brotando em nós e nos que virão depois.

HALL da FAMA

Que herói ou heroína você vai descobrir hoje? Encontre suas histórias nas páginas indicadas abaixo.

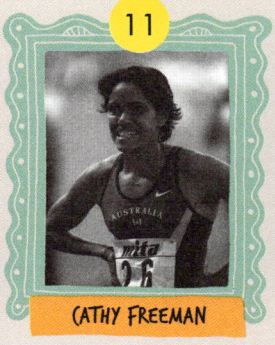

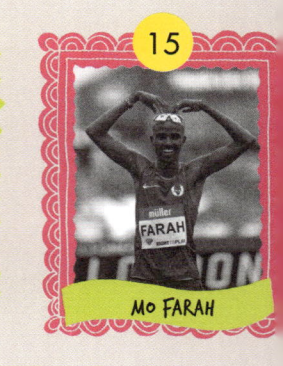

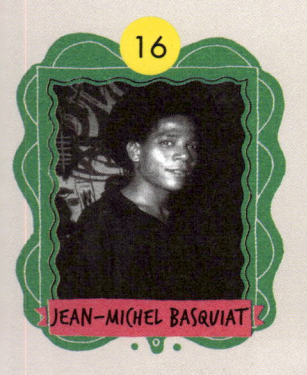

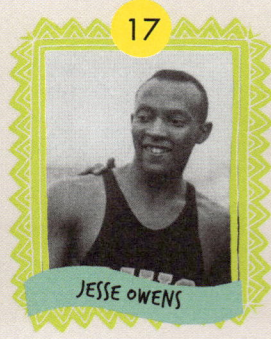

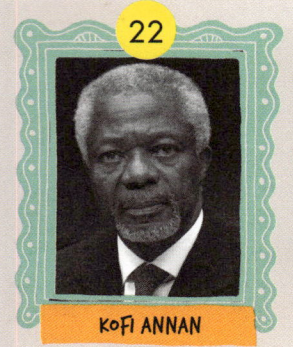

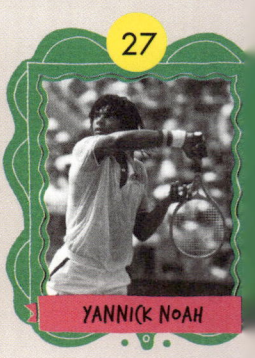

4 MARY SEACOLE	**5** MATTHEW HENSON	**6** AVA DUVERNAY	**7** BESSIE COLEMAN	**8** BARACK OBAMA	**8** MICHELLE OBAMA
10 CHIMAMANDA NGOZI ADICHIE	**11** CATHY FREEMAN	**12** GEORGE WASHINGTON CARVER	**13** MALORIE BLACKMAN	**14** HARRIET TUBMAN	**15** MO FARAH
16 JEAN-MICHEL BASQUIAT	**17** JESSE OWENS	**18** BEYONCÉ KNOWLES	**19** SOLANGE KNOWLES	**20** KATHERINE JOHNSON	**21** JOSEPHINE BAKER
22 KOFI ANNAN	**23** LANGSTON HUGHES	**24** TONI MORRISON	**25** BRIAN LARA	**26** MADAM C.J. WALKER	**27** YANNICK NOAH

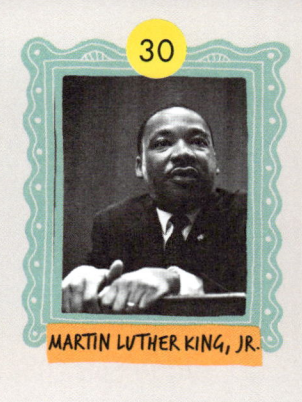

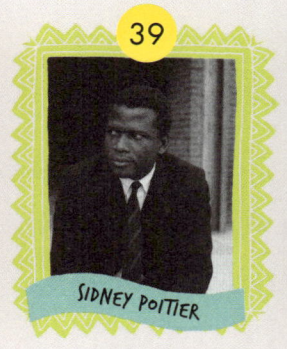

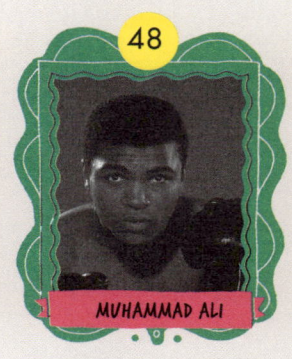

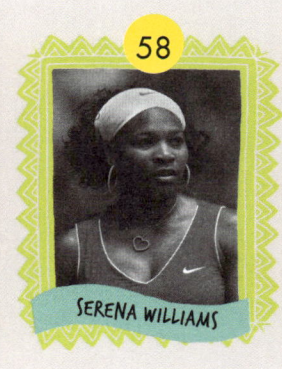

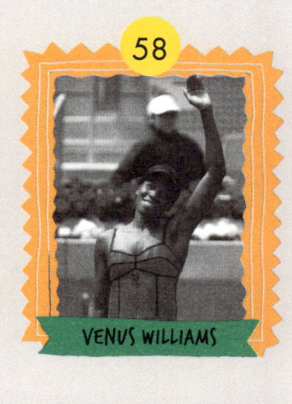

#	Name
28	MAURICE ASHLEY
29	ALEXANDRE DUMAS
30	MARTIN LUTHER KING, JR.
32	MAYA ANGELOU
33	NINA SIMONE
34	SIMONE BILES
36	STEVIE WONDER
38	ESPERANZA SPALDING
39	SIDNEY POITIER
40	OPRAH WINFREY
41	PELÉ
42	NELSON MANDELA
44	LOUIS ARMSTRONG
45	ROSA PARKS
46	NAOMI CAMPBELL
47	SAMUEL COLERIDGE-TAYLOR
48	MUHAMMAD ALI
49	SHIRLEY CHISHOLM
50	STEVE MCQUEEN
51	ZADIE SMITH
52	USAIN BOLT
54	WANGARI MAATHAI
55	MAE JEMISON
56	W.E.B. DU BOIS
57	NICOLA ADAMS
58	SERENA WILLIAMS
58	VENUS WILLIAMS
60	MARIELLE FRANCO

GLOSSÁRIO

Ativista: uma pessoa que luta por mudanças
Direitos civis: os direitos que todo ser humano tem de ser livre e igual
Cultura: as artes e ideias de um grupo de pessoas
Discriminação: tratamento injusto de pessoas com base na raça, idade ou gênero
Igualdade: ser igual em direitos e oportunidades
Segregação: separar pessoas em grupos diferentes com base na cor da pele

Para mamãe, papai, meus ancestrais e a próxima geração. Eu sou porque vocês são. – J.W.
Para Isa, que você se sinta inspirada e capaz para viver sempre seus sonhos. – A.P.

TÍTULO ORIGINAL *Young, Gifted and Black*

© 2018 Quarto Publishing plc.
Publicado originalmente por Wide Eyed Editions,
um selo The Quarto Group.
© 2018 Jamia Wilson (texto)
© 2018 Andrea Pippins (ilustrações)
© 2021 VR Editora S.A.

DIRETOR EDITORIAL Marco Garcia
EDIÇÃO Fabrício Valério
PREPARAÇÃO Natália Chagas Máximo
REVISÃO Raquel Nakasone
DESIGN Karissa Santos
DIAGRAMAÇÃO Pamella Destefi
FOTOS Páginas 62-63 © Alamy Stock Photo (exceto foto de Marielle Franco, p. 63: © Dayane Pires/CMRJ)

Dados Internacionais de Catalogação na Publicação (CIP)
(Câmara Brasileira do Livro, SP, Brasil)

Wilson, Jamia
Jovens, talentosos e negros / Jamia Wilson; ilustrações Andrea Pippins; tradução Nina Rizzi. – 1. ed. – Cotia, SP: VR Editora, 2021.

ISBN 978-65-86070-37-8

1. Literatura infantojuvenil 2. Negros na literatura 3. Personalidades 4. Pessoas talentosas 5. Talentos (Pessoas) I. Pippins, Andrea. II. Título.

21-54019 CDD-028.5

Índices para catálogo sistemático:
1. Jovens talentosos: Literatura infantojuvenil 028.5
2. Jovens talentosos: Literatura juvenil 028.5
Maria Alice Ferreira – Bibliotecária – CRB-8/7964

Todos os direitos desta edição reservados à
VR EDITORA S.A.
Via das Magnólias, 327 – Sala 01 | Jardim Colibri
CEP 06713-270 | Cotia | SP
Tel.| Fax: (+55 11) 4702-9148
vreditoras.com.br | editoras@vreditoras.com.br

1ª edição, maio 2021
FONTE Futura; Buttacup Lettering e Azaelia
PAPEL Offset 150g/m²
IMPRESSÃO Gráfica Santa Marta
LOTE GSM16102

JAMIA WILSON
é diretora executiva e editora da *Feminist Press*. Ativista e escritora, Wilson contribuiu para a *New York Magazine*, *The New York Times*, *The Today Show*, *CNN*, *BBC*, *Teen Vogue*, *Elle*, *Refinery 29*, *Rookie* e *The Guardian*. Vive em Nova York, Estados Unidos.

ANDREA PIPPINS
é ilustradora, designer e escritora. Publicou o best-seller *I Love My Hair* e o diário interativo *Becoming Me*. Colabora com *The Oprah Magazine*, *Scoop Magazine*, *Family Circle*, *The Huffington Post*, *Bustle*, *Free People*, *Lincoln Center* e o Museu Nacional de História e Cultura Afro-americana. Vive em Estocolmo, Suécia.